essentials

essentials liefern aktuelles Wissen in konzentrierter Form. Die Essenz dessen, worauf es als „State-of-the-Art" in der gegenwärtigen Fachdiskussion oder in der Praxis ankommt. *essentials* informieren schnell, unkompliziert und verständlich

- als Einführung in ein aktuelles Thema aus Ihrem Fachgebiet
- als Einstieg in ein für Sie noch unbekanntes Themenfeld
- als Einblick, um zum Thema mitreden zu können

Die Bücher in elektronischer und gedruckter Form bringen das Fachwissen von Springerautor*innen kompakt zur Darstellung. Sie sind besonders für die Nutzung als eBook auf Tablet-PCs, eBook-Readern und Smartphones geeignet. *essentials* sind Wissensbausteine aus den Wirtschafts-, Sozial- und Geisteswissenschaften, aus Technik und Naturwissenschaften sowie aus Medizin, Psychologie und Gesundheitsberufen. Von renommierten Autor*innen aller Springer-Verlagsmarken.

Florian Jörgens

The Human Firewall

Wie eine Kultur der Cyber-Sicherheit geschaffen wird

Florian Jörgens
Wuppertal, Deutschland

ISSN 2197-6708   ISSN 2197-6716 (electronic)
essentials
ISBN 978-3-658-42756-6   ISBN 978-3-658-42757-3 (eBook)
https://doi.org/10.1007/978-3-658-42757-3

Die Deutsche Nationalbibliothek verzeichnet diese Publikation in der Deutschen Nationalbibliografie; detaillierte bibliografische Daten sind im Internet über http://dnb.d-nb.de abrufbar.

Planung/Lektorat: Petra Steinmueller
Springer Vieweg ist ein Imprint der eingetragenen Gesellschaft Springer Fachmedien Wiesbaden GmbH und ist ein Teil von Springer Nature.
Die Anschrift der Gesellschaft ist: Abraham-Lincoln-Str. 46, 65189 Wiesbaden, Germany

Das Papier dieses Produkts ist recyclebar.

Was Sie in diesem *essential* finden können

- Einen Überblick über die Bedeutung sensibiliserter Mitarbeiter für das allgemeine Sicherheitsniveau
- Möglichkeiten zur strukturierten Vorbereitung von Awareness Maßnahmen
- Konkrete und praxistaugliche Beispiele für die Steigerung der Mitarbeitersensibilisierung
- Ansätze zur dauerhaften Implementierung und Überwachung der Effektivität der Maßnahmen

Vorwort

Ob Informationssicherheit, IT-Sicherheit, Datenschutz, Hacker, oder Cyber-Kriminalität, inzwischen gehören diese Begriffe zum Wortschatz einer jeden TV-Moderatorin bzw. eines jeden TV-Moderators. Nicht erst durch die Angriffe auf Sony, den Bundestag, Facebook oder Twitter sind digitale Angriffe in der öffentlichen Wahrnehmung angekommen. Dabei wird lediglich die Spitze des Eisbergs tatsächlich publik gemacht. Viele Unternehmen merken gar nicht oder erst nach Monaten, dass sie bereits Opfer von Hackern geworden sind. Dabei stellen die Mitarbeiter einen elementaren Bestandteil des Sicherheitslevels dar. Gut geschulte Mitarbeiter können Auffälligkeiten frühzeitig melden oder durch ihr Verhalten Angriffsvektoren für Angreifer minimieren.Trotz der omnipräsenten Bedrohung nehmen viele Unternehmen das Thema weiterhin auf die leichte Schulter und sehen die Sicherheitsabteilung als reinen Kostentreiber. Diese Ansicht ist nicht nur sehr riskant, sondern auch inhaltlich falsch. Im Kern bedient die Informationssicherheit eine bis dato unbekannte Kennzahl: RODNI – *Return on „damages not incurred"*. Es handelt sich demnach um eine Abteilung, die ihren Mehrwert dadurch generiert, dass Schäden nicht eintreten. Diese Erklärung sollte jeder Sicherheitsverantwortliche gegenüber seinem Management vermitteln!

Die Branche der Informationssicherheit ist dennoch in den letzten Jahrzehnten stark gewachsen und bietet eine Vielzahl von Technologien, Schulungen, Zertifizierungen und Hilfestellungen für Verantwortliche. Durch meine Fachvorträge und Keynotes, die ich in den letzten Jahren auf internationalen Veranstaltungen halten durfte, habe ich allerdings festgestellt, dass viele dieser Beiträge auf Sicherheitskonferenzen häufig an der Zielgruppe vorbei gehalten werden. In meinem Publikum sitzen nicht nur Entscheider aus großen Unternehmen mit 7-stelligen Budgets. An diesen Vorträgen nehmen Informationssicherheitsverantwortliche, Datenschutzbeauftragte, Information Security Manager oder auch

Administratoren teil, welche das Thema Informationssicherheit neben ihrer eigentlichen Tätigkeit umsetzen sollen. Diese Zielgruppen haben in der Regel drei Probleme bei der Umsetzung:

1. Fehlende Befugnisse: Eingeschränkte oder nicht vorhandene Möglichkeiten bei der Entscheidungshoheit.
2. Mangelndes oder nicht vorhandenes Budget: Auch wenn in Unternehmen häufig über Informationssicherheit gesprochen und nachgedacht wird, oftmals werden notwendige Initiativen aufgrund der damit verbundenen Kosten nicht gestartet. Daher liegt mein Fokus auf der kostenneutralen bis kostengünstigen Umsetzbarkeit.
3. Fehlende Ressourcen: Die Lücke bei IT-Fachkräften wird zunehmend größer. Dies führt dazu, dass es für Unternehmen immer schwieriger wird, entsprechende Stellen zu besetzen. In solchen Situationen helfen selbst „managed Services" nicht. Dabei handelt es sich um die Auslagerung der Verwaltung und Wartung von IT-Systemen und -Diensten an einen externen Dienstleister. Im Notfall müssen sicherheits-relevante Entscheidungen wie zum Beispiel das Abschalten von Systemen vom Unternehmen selbst entschieden werden muss. Damit dies möglich ist, müssen Stellen im Ernstfall auch Sonntagabend besetzt sein, was selten der Fall ist.

Dieses Buch hat demnach nicht den Anspruch ein wissenschaftliches Nachschlagewerk zu sein. Vielmehr ist es das Ziel einen praktischen Ratgeber mit Tipps und Tricks zur Mitarbeitersensibilisierung für Sicherheitsverantwortliche darzustellen. Tipps, welche schnell und einfach bereits am nächsten Tag im eigenen Unternehmen umgesetzt werden können, um Stück für Stück die Schaffung einer Kultur der Cyber-Sicherheit voranzutreiben.

Ich möchte die Gelegenheit nutzen an dieser Stelle einigen besonderen Personen, Unternehmen und Institutionen zu danken, welche mich in meinem bisherigen beruflichen Werdegang unterstützt haben oder einen nachhaltigen Einfluss ausgeübt haben (alphabetische Reihenfolge):

Danksagung

natürliche Personen

Ehses, Wolfgang, Unternehmenssicherheit: Vielen Dank, dass ich für dich als CISO arbeiten durfte.

Oberkircher, Volker, ten4 Consulting GmbH: Vielen Dank für die tolle Zuarbeit und das permanente Feedback zu diesem Buch. Ohne dich könnte ich meine Arbeit nicht in dieser Qualität machen.

Reislhuber, Andre, Vorwerk SE & Co. KG: Vielen Dank, dass du mich forderst und förderst und mir damit ermöglichst über mich hinaus zu wachsen.

Staiger, Simon, project networks GmbH: Vielen Dank für die Möglichkeit, meinen 1. Fachvortrag bei dir halten zu dürfen. Bei euch hat alles angefangen.

von Stetten, Frank, HvS-Consulting AG: Vielen Dank für die Unterstützung und die vertrauensvolle Zusammenarbeit über die Jahre hinweg.

juristische Personen

FOUNDRY, ehemals IDG Communications Media AG: Für die jahrelange respektvolle Zusammenarbeit auf Augenhöhe und den Aufbau einer Plattform für Informationssicherheitsverantwortliche

PricewaterhouseCoopers GmbH, Düsseldorf: In meiner Brust wird immer ein PwC Herz schlagen, vielen Dank für die berufliche Erfahrung, das Netzwerk, die Kontakte, die tolle Zeit.

Vorwerk SE & Co. KG, Wuppertal: Durch das PwC Herz pumpt grünes Blut. Vielen Dank dafür Teil der wunderbaren Vorwerk Familie sein zu dürfen.

Florian Jörgens

Inhaltsverzeichnis

Über den Autor

Florian Jörgens Als Sohn einer Arzthelferin und eines Polizisten bin ich bereits früh in den Umgang mit vertraulichen Informationen gekommen. Im Elternhaus war es selbstverständlich, dass über berufliche Inhalte nur sehr oberflächlich gesprochen werden durfte, um in erster Linie dem Datenschutz Genüge zu tun und personenbezogene Daten zu schützen. Nach meinem Einstieg in die IT-Prüfung (Audit) bei PricewaterhouseCoopers, entwickelte sich in mir der Gedanke, dieses Interesse weiter auszubauen. Über weitere Stationen, Arbeitgeber und Kontakte blicke ich nun inzwischen auf über 10 Jahre Erfahrung in den Bereichen Informationssicherheit, Compliance, Governance, Audit und Datenschutz zurück.

Ich entwickelte 2002 mein berufliches Interesse an der Informationstechnologie.

Während meiner Tätigkeit als Fachinformatiker für Systemintegration bei der T-Systems International GmbH in der Anwendungs- und Systembetreuung, erwarb ich den Bachelor of Science in Wirtschaftsinformatik.

Nach weiteren Erfahrungen in der IT-Prüfung bei PricewaterhouseCoopers und einem MSc. in IT-Management, war ich anschließend bei E.ON in Essen als Manager für die Informationssicherheit der gesamten deutschen Vertriebsorganisation verantwortlich.

Im März 2019 übernahm ich als Chief Information Security Officer bei der LANXESS AG in Köln die ganzheitliche Verantwortung für die Informationssicherheit des Konzerns.

Heute bin ich Chief Information Security Officer der Vorwerk Gruppe und zusätzlich als Keynote-Speaker, Dozent, Autor und wissenschaftlicher Mitarbeiter an verschiedenen Hochschulen tätig. Darüber hinaus halte ich Fachvorträge zu den Themen Informationssicherheit, Awareness und Cybersicherheit.

Außerdem wurde ich im September 2020 vom CIO Magazin mit dem Digital Leader Award in der Kategorie „Cyber-Security" ausgezeichnet.

Einführung 1

Um ein einheitliches Verständnis über die grundlegende Zielrichtung sowie Erwartungshaltung an dieses Buch zu erreichen, wird in diesem Kapitel die generelle Vorgehensweise und das angestrebte Ziel erläutert.

1.1 Aufmerksame Mitarbeiter: Der beste Schutz

Jahrzehnte lang haben IT-Abteilungen von Unternehmen versucht, Firmendaten durch immer mehr Technik vor Angreifern zu schützen. Angefangen mit Antivirenprogrammen und Firewalls über heuristische Scanner und 2-Faktor-Authentisierungen bis hin zur Nutzung künstlicher Intelligenz und Zero-Trust, dem Ansatz, jeden Benutzer und jedes Gerät als potenzielles Risiko zu betrachten und permanent zu prüfen und zu verifizieren.

Alle diese Systeme haben oder hatten ihre Daseinsberechtigung. Dabei wird allerdings ein grundlegender Umstand außer Acht gelassen. Heutzutage zielen weiterhin ungefähr 70 % aller Angriffe auf den Menschen und lediglich 30 % auf Systeme ab. Teilweise gehen Studien sogar von 95 % aus.

Hintergrund dieser Tatsache ist die zu Beginn des Kapitels angesprochene technologische Entwicklung: Angreifer haben es heutzutage sehr schwer, technologische Sicherheitshürden zu überwinden. Die Technik hat sich enorm weiterentwickelt. Auf der anderen Seite reagieren Mitarbeiter teilweise unbedarft und geben interne Informationen in sozialen Medien preis. Ein Grund dafür ist zum Beispiel der *„CEO-Fraud"*, bei dem sich Angreifer als CEO ausgeben um Mitarbeiter zu täuschen und dazu zu veranlassen, Geldzahlungen oder vertrauliche Informationen freizugeben. Ein weiterer Grund ist das

© Der/die Autor(en), exklusiv lizenziert an Springer Fachmedien Wiesbaden GmbH, ein Teil von Springer Nature 2023
F. Jörgens, *The Human Firewall*, essentials,
https://doi.org/10.1007/978-3-658-42757-3_1

sogenannte „*Social Engineering*", also die Nutzung von manipulativer Psychologie und sozialer Interaktion, um Informationen zu erlangen, unbefugten Zugriff zu erhalten oder Handlungen von Personen zu provozieren, die diesen Zugriff ermöglichen. Darüber hinaus nutzen viele Mitarbeiter erfahrungsgemäß für unterschiedliche Systeme dieselben, unsicheren Passwörter, was zu „*Identity Theft*" (Identitätsdiebstahl) führen kann oder Klicken auf Links in E-Mails mit Schadsoftware. Das Verständnis für Technologie und die damit verbundenen Angriffsvektoren, beziehungsweise deren Risiken ist häufig nicht in dem Ausmaß vorhanden, welches es benötigt, um einen entsprechenden Schutz zu gewährleisten.

Dies mag zu dem Gedanken führen, der Mitarbeiter sei demnach das schwächste Glied in der Verteidigungskette. Hierbei handelt es sich allerdings um einen Trugschluss. Richtig geschult kann ein aufmerksamer Mitarbeiter das stärkste Glied in der Kette werden und dabei unterstützen, über 70 % aller Angriffe im Vorfeld abzuwehren oder deren Ausmaß zu reduzieren. Ein Wert den keine IT-Sicherheits-Technologie erreicht. Daher ist es für Unternehmen unumgänglich, die Schulung der eigenen Mitarbeiter in den Fokus der Sicherheitsstrategie zu setzen, um es Angreifern auch auf über diesen Weg so schwer wie möglich zu machen.

1.2   Zielgruppengerechte Kommunikation

In Unternehmen arbeiten Mitarbeiter unterschiedlicher Herkunft, Erfahrungen, Fähigkeiten und Vorwissen. Dennoch sind alle Teil einer erfolgreichen Sicherheitsstrategie. Eine zielgruppengerechte Kommunikation bei Awareness Maßnahmen ist demnach von großer Bedeutung, um sicherzustellen, dass eine Botschaft effektiv und verständlich vermittelt wird. Das Ziel ist dabei, Menschen für sicherheitsrelevante Themen zu sensibilisieren und ihnen das notwendige Wissen und Verhalten zu vermitteln, um Risiken zu minimieren und Sicherheitsbedrohungen zu reduzieren. Um dies zu erreichen, ist es wichtig, dass die Botschaften auf die Zielgruppe abgestimmt sind, um die gewünschte Wirkung zu erzielen. Wenn die Informationen nicht entsprechend ihren Bedürfnissen und Erwartungen gestaltet sind, können diese nicht richtig verstanden oder akzeptiert werden. Dies kann dazu führen, dass Awareness Maßnahmen missachtet werden oder die Mitarbeiter nicht in der Lage sind, Bedrohungen zu erkennen oder richtig zu reagieren.

Zum Beispiel benötigen ältere Menschen eine andere Ansprache auf anderen Kanälen als jüngere. Menschen in technischen Berufen haben unterschiedliche

Anforderungen als diejenigen in nicht-technischen Berufen. Hierbei ist es vor allem wichtig, Sicherheit anschaulich, greifbar und praxisnah zu vermitteln. Darüber hinaus können kulturelle und sprachliche Unterschiede eine wichtige Rolle spielen. Menschen aus verschiedenen Ländern und Kulturen haben unterschiedliche Vorstellungen von Sicherheit und Vertrauen. Daher ist es wichtig, diese Unterschiede bei der Gestaltung von Sicherheitsbotschaften zu berücksichtigen. Eine gute Kommunikation sollte auch sprachliche Barrieren überwinden, um sicherzustellen, dass Informationen für alle zugänglich sind. Das Ziel sollte dabei immer sein, die Akzeptanz von Awareness Maßnahmen zu erhöhen. Indem die Kommunikation auf die Zielgruppe zugeschnitten ist, können Menschen besser verstehen, warum diese notwendig sind und wie sie von diesen Maßnahmen profitieren können. Sie werden eher geneigt sein, diese zu akzeptieren und umzusetzen, wenn sie das Gefühl haben, dass ihre Bedürfnisse und Interessen berücksichtigt werden.

1.3 Informationssicherheit/IT-Sicherheit/ Cyber-Sicherheit

In der gängigen Literatur existieren unterschiedliche Ansätze eine Definition für die in der Kapitelüberschrift verwendeten Begriffe, zu finden. Um ein einheitliches Verständnis für die weiteren Kapitel zu erhalten, erfolgt eine kurze Zusammenfassung unterschiedlicher Definitionsvorschläge, angereichert durch das eigene Verständnis des Autors.

Informationssicherheit
Die Aufgabe der Informationssicherheit besteht im Schutz von Informationen. Hierbei ist es irrelevant, in welcher Form diese vorliegen. Durch die zunehmende Digitalisierung liegt ein Großteil der heutigen Informationen in digitaler Form – sowohl privat als auch beruflich – auf Festplatten, mobilen Datenträgern wie USB-Sticks, Notebooks, Smartphones und Servern vor. Die Informationssicherheit behält allerdings auch analoge Informationen im Fokus. Dazu zählen beispielsweise das gesprochene Wort in einem Telefonat, Dokumente auf dem Schreibtisch oder das Flipchart im Besprechungsraum. Der Schutz all dieser Informationen wird durch die Einhaltung der drei sogenannten Schutzziele Vertraulichkeit, Integrität und Verfügbarkeit sichergestellt. In der Literatur existieren noch weitere Schutzziele, wobei die hier angesprochenen drei als die grundlegenden angesehen werden.

Vertraulichkeit (Confidentiality)
Vertraulichkeit bedeutet, dass die Informationen nur einem bestimmten, befugten, eingeschränkten Empfänger bzw. Empfängerkreis zur Verfügung gestellt werden. Um dies technisch zu gewährleisten, werden unter anderem symmetrische oder asymmetrische Verschlüsselungsverfahren eingesetzt. Informationen können zwar durchaus noch abgefangen werden, das tatsächliche Auslesen der Inhalte ist jedoch nicht mehr möglich. Technische Maßnahmen werden durch organisatorische Maßnahmen flankiert – insbesondere durch eine angemessene Zugriffskontrolle.

Integrität (Integrity)
Neben der Tatsache, dass die Informationen nur dem autorisierten Empfängerkreis zugänglich gemacht werden, ist die Korrektheit der Informationen ein sehr wichtiger Punkt. Neben der Datenintegrität, ist hierbei auch die Systemintegrität nicht zu vernachlässigen. Diese definiert die korrekte Funktionsweise des Systems. Diese wird auch als „Unversehrtheit von Informationen" definiert. Eine hohe Integrität ist dann nicht mehr gewährleistet, wenn Informationen manipuliert, also hinzugefügt, geändert oder gelöscht werden können und dies unbemerkt bleibt. Dies kann entweder durch Personen oder Systeme geschehen. Weiterhin muss sichergestellt sein, dass diese Informationen nach einer Manipulation wieder rekonstruiert werden können. Eine der wichtigsten Maßnahmen zur Sicherstellung der Integrität ist die Verwendung von Logdateien, um etwaige Änderungen nachvollziehen zu können.

Verfügbarkeit (Availability)
Informationen haben nur dann einen Wert, wenn sie auch abrufbar sind. Dies wird durch die Verfügbarkeit sichergestellt. Es bedeutet, dass Informationen bzw. die Informationssysteme nur innerhalb bestimmter Toleranzen ausfallen dürfen und ansonsten betriebsbereit sein müssen. Diese Toleranzen werden in Verträgen, so genannten Service Level Agreements, festgelegt. Angestrebt wird hierbei natürlich eine Verfügbarkeit von 100 %, wobei diese praktisch jedoch nicht umsetzbar ist. Zur Wahrung der Verfügbarkeit dienen redundante Systeme und Datensicherungen.

Neben den drei großen Schutzzielen bestehen noch weitere Schutzziele, die hier allerdings nur der Vollständigkeit halber erwähnt werden:

- Authentizität – Sicherstellung der Echtheit und Vertrauenswürdigkeit von Personen, Geräten oder Informationen.
- Zurechenbarkeit – die Zuordnung von Handlungen zu einer bestimmten Identität.
- Verbindlichkeit/Nichtabstreitbarkeit – Handlungen sind nicht zu leugnen oder abzustreiten, da diese nachweisbar und verlässlich dokumentiert sind
- Anonymität – Geheimhaltung oder unkenntlich machen einer Identität um Privatsphäre und Vertraulichkeit zu wahren.

IT-Sicherheit

Die stetig zunehmende Digitalisierung und Vernetzung von Endgeräten hat zu einer enormen Erzeugung von Daten und Informationen geführt. Jedes vernetzte Endgerät – ob Desktop-PC, Server, Smartphone oder vernetztes Autoradio – kreiert permanent Informationen, die auf IT-Systemen in digitaler Form gespeichert werden. Die Umsetzung, Wahrung und Einhaltung der im vorangehenden Kapitel erwähnten Schutzziele durch technische Maßnahmen ist Aufgabe der IT-Sicherheit. So könnte eine Maßnahme zum Schutz der Vertraulichkeit die Verschlüsselung darstellen. Maßnahmen zur Wahrung der Integrität sind beispielsweise der Einsatz von Prüfsummen oder Audit-Trails. Zuletzt stellt der Aufbau von redundanten Systemen eine mögliche Maßnahme zum Schutz der Verfügbarkeit dar. Die IT-Sicherheit ist demnach ein ausführendes Werkzeug der Informationssicherheit.

Datenschutz

Es existieren zwei große Unterschiede zwischen der Informationssicherheit und dem Datenschutz: Zum einen basieren Anforderungen an die Informationssicherheit für die meisten Unternehmen und Institutionen auf eigenverantwortlichen Entscheidungen und werden nicht primär durch Verordnungen oder Gesetze getrieben. Das heißt, dass diese Organisationen sich selbst aus einem eigenen Interesse heraus bestimmten Richtlinien unterordnen. Diese werden meistens auch durch die Organisationen eigens erstellt. Es existiert somit kein externer Einfluss. Eine nennenswerte Ausnahme stellen die Betreiber so genannter kritischer Infrastrukturen dar.

Im Gegensatz dazu wurde der Datenschutz schon immer durch externe Vorgaben festgelegt. So hat die am 24. Mai 2016 in Kraft getretene EU-Datenschutzgrundverordnung (DSGVO) seit dem 25. Mai 2018 das Bundesdatenschutzgesetz abgelöst. Diese Anforderungen gelten für sämtliche Organisationen, die mit personenbezogenen Daten arbeiten. Hier wird bereits der zweite große Unterschied zur Informationssicherheit deutlich: Während der Geltungsbereich der Informationssicherheit alle Informationen unabhängig von deren Inhalt betrachtet, gilt der Datenschutz nur für Informationen mit Personenbezug. Dieser Vorsatz ist auch dann erfüllt, wenn sich Daten nicht nur eindeutig, sondern auch mittelbar zuordnen lassen können. Neben eindeutigen Merkmalen wie Namen, Geburtsdatum, Adresse oder Bankdaten, zählen auch Informationen wie Kfz-Kennzeichen, Bestelldaten oder sogar die IP-Adresse, die beim Besuch auf einer Webseite hinterlassen wird, als personenbezogene Daten. Um den Unterschied zwischen Informationssicherheit und Datenschutz zu verdeutlichen, ein paar Beispiele:

- Kundendaten: Informationssicherheit und Datenschutz
- Bilanzen: Informationssicherheit

- Gehaltsdaten: Informationssicherheit und Datenschutz
- Baupläne von Atomkraftwerken: Informationssicherheit
  Hinweis – Je nach tatsächlichem Informationsgehalt kann die Einschätzung abweichen.

Zusammenfassend kann festgehalten werden, dass der Datenschutz einen speziellen Teilbereich der Informationssicherheit darstellt, diesen aber nicht ersetzt.

Datensicherheit
Für den Begriff der Datensicherheit existieren verschiedene Definitionen. Der Begriff stammt aus dem Datenschutz und bezeichnet den technischen Schutz von Daten, also die Erfüllung der zu Beginn dieses Kapitels erwähnten Schutzziele. Teilweise wird der Begriff auch als Synonym für die Informationssicherheit gesehen, wobei deren Anforderungen höher sind. Welche Bedeutung der Begriff hat hängt also maßgeblich davon ab, ob über die Festlegung von Schutzzielen aus Sicht der Informationssicherheit oder aus Sicht des Datenschutzes gesprochen wird.

Cyber-Security
Seit einigen Jahren wird immer häufiger der Begriff *Cyber* verwendet. Besonders beliebt ist dabei die Kombination mit Substantiven aus den Themengebieten Bedrohung, Kriminalität oder Sicherheit. Dadurch entstehen Wortbildungen wie Cyber-Angriffe, Cyber-Kriminalität oder Cyber-Sicherheit. Die genaue Herkunft des Wortes ist bis heute nicht einwandfrei geklärt. Vermutlich leitet sich Cyber als Kunstwort vom griechischen Kybernetik (= die Steuerung und Regelung von Maschinen) ab. Darüber hat der Begriff es in die Informatik sowie in Literatur und Filme geschafft. Heutzutage wird der Begriff „Cyber" häufig für Marketingzwecke verwendet. Der Autor nutzt demnach in diesem Buch hauptsächlich den Begriff Informationssicherheit.

1.4   Strategie und Ziele der Informationssicherheit

Durch die voranschreitende Digitalisierung wird für alle Unternehmen weltweit der Bereich der Informationssicherheit immer wichtiger. Wo vor einigen Jahren lediglich der Bereich der IT-Sicherheit Aufmerksamkeit erhalten hat, beschäftigen Unternehmen heutzutage eigene Abteilungen mit zwei- oder dreistelligen Mitarbeiterzahlen und Budget in Millionenhöhe.

Leider verlieren einige Unternehmen dabei aus den Augen, dass die Informationssicherheit exakt ein Ziel verfolgt: Die Unterstützung der Business-Strategie. Die Erreichung der Geschäftsziele muss immer im Fokus stehen und bei sämtlichen Entscheidungen kritisch hinterfragt werden. Sicherheit sollte nie aus einem Selbstzweck heraus umgesetzt werden. Um dies in der Praxis einzuhalten ist es sinnvoll, die entsprechende Informationssicherheitsstrategie (kurz IS-Strategie) nah an den Geschäftszielen auszurichten. Dabei hat sich der folgende drei-stufige Ansatz als wirksam dargestellt.

1. Festlegung des übergeordneten Ziels **(Statement)**: In diesem wird auf einem hohen Abstraktionslevel das grundlegende Ziel der Informationssicherheit definiert. Es wird demnach die Frage nach dem WARUM beantwortet. Zum Beispiel: *„Durch die Nutzung von technologischen und organisatorischen Schutzmaßnahmen nach aktuellem Stand der Technik, stellen wir die Einhaltung der drei Schutzziele Vertraulichkeit, Integrität und Verfügbarkeit sicher, um unser Business zu unterstützen und zu schützen."*

2. Festlegung der Umsetzung – WAS erreicht werden soll **(Objectives)**: Diese brechen das Statement in konkrete praktische Ziele herunter und beantworten die Frage danach, WAS erreicht werden soll. Zum Beispiel:

   Need to know: Informationen sollen nur denjenigen zur Verfügung gestellt werden, die diese Informationen für die Erfüllung der Funktion benötigen.

   Empowerment: Unsere Mitarbeiter stellen einen wirksamen Schutz dar erkennen Bedrohungen schnell und können entsprechend reagieren.

   Risk-Based: Alle Schutzmaßnahmen werden nach einem risikobasierten Ansatz eingesetzt.

3. Festlegung der Umsetzung – WIE die vorherigen Objectives erreicht werden sollen **(Principles)**: Auch diese brechen das Statement in konkrete praktische Maßnahmen herunter, um die Frage nach dem WIE etwas erreicht werden soll zu beantworten:

   Ownership & Classification: Alle Informationswerte werden auf Basis ihres Wertes für das Unternehmen vom jeweiligen Information Owner klassifiziert.

   Security by Design: Informationssicherheit wird in sämtlichen Initiativen, Projekten oder Prozessen von Beginn an integriert

Durch diesen Aufbau und die kontinuierliche Ausrichtung auf die Belange und Anforderungen des Business, wird die Informationssicherheit einen wertschöpfenden Beitrag zum Unternehmenserfolg liefern.

Die Schaffung einer Kultur der Cyber-Sicherheit ist ein langer Weg. Um möglichst wenig Hürden auf diesem Weg umgehen zu müssen, ist eine ausführliche und detaillierte Planung und Vorbereitung Pflicht. Diese umfasst die Erhebung des aktuellen Standes, die Abstimmung mit relevanten Stakeholdern und die Überzeugung des Managements.

2.1 Erhebung des aktuellen Reifegrads

Soll eine langfristige Kultur der Cyber-Sicherheit geschaffen werden, steht zu Beginn einer jeden Kampagne die Durchführung einer ausführlichen Analyse, um den aktuellen Reifegrad des Unternehmens zu ermitteln und die richtigen Maßnahmen zu identifizieren. Je nach Unternehmensgröße und Zielsetzung kann die Komplexität und benötigte Dauer dieser Analyse variieren. Grundsätzlich sollte sie aber dennoch folgende Punkte beinhalten:

Stakeholder-Analyse
Bei der Steigerung der Awareness handelt es sich um ein klassisches Change-Projekt. Demnach gibt es eine Vielzahl von relevanten Akteuren mit unterschiedlichen Bedürfnissen und Erwartungen. Da dieser Punkt maßgeblich über Erfolg und Misserfolg der Maßnahmen entscheidet, wird er in Abschn. 2.2 detailliert beschrieben.

© Der/die Autor(en), exklusiv lizenziert an Springer Fachmedien Wiesbaden
GmbH, ein Teil von Springer Nature 2023
F. Jörgens, *The Human Firewall*, essentials,
https://doi.org/10.1007/978-3-658-42757-3_2

Verständnis der Risiken und Identifizierung des „Human Risk"
Kernthema der Informationssicherheit ist der Umgang mit Risiken. Demnach ist
es wichtig, die spezifischen Risiken zu identifizieren, die stark vom menschlichen
Verhalten abhängen, das so genannte „Human Risk". Dazu gehören beispielsweise
Phishing-Angriffe, unsichere Passwortpraktiken oder das Fehlen von Sensibili-
sierung für Social Engineering. Durch das Verständnis über die Existenz dieser
Risiken, können gezielte Maßnahmen entwickelt werden, um das Bewusstsein der
Mitarbeiter zu schärfen und sicheres Verhalten zu fördern.

Verständnis der Informationssicherheits-Reife
Schwerpunkt dieser Analyse ist die Bewertung bereits vorhandener Richtlinien, Prozesse und Technologien. Je nach Unternehmensgröße und Reifegrad können diverse
Themen schon als „gegeben" angesehen werden. Ein Beispiel ist die Nutzung von
Multi-Faktor-Authentizierung (MFA), um Identitätsdiebstahl zu erschweren. Auch
Vereinzelungsanlagen für den Schutz der physikalischen Sicherheit oder Technologien zur Data-Leak-Prevention, um unberechtigten Datenabzug zu erkennen,
gehören zu solchen Beispielen. Diese Technologien können ebenfalls als Bestandteil
der Kommunikation zur Steigerung der Sensibilisierung genutzt werden.

Definition sicherer Verhaltensweise
Ist das grundsätzliche Risiko erkannt und verstanden, ist es wichtig, klare Richtlinien und Empfehlungen für Mitarbeiter festzulegen, wie sich diese im operativen
Tagesgeschäft zu verhalten haben. Hierbei kann auf bereits vorhandene Richtlinien
zurückgegriffen werden, zum Beispiel aus der IT Abteilung oder dem Personalwesen. Diese Verhaltensweisen sollten einfach, verständlich und praxisorientiert
sein.

2.2   Abstimmung mit Stakeholdern

Zu Beginn aller Maßnahmen sollten relevante Stakeholder und Abteilungen
informiert und mit an Bord geholt werden. Je nach Unternehmensgröße und Zielsetzung der Kampagnen können sich diese unterscheiden. Die folgenden fünf
Bereiche haben sich als maßgeblich relevant herausgestellt: die Kommunikationsabteilung, die Personalabteilung, der Betriebsrat, der Datenschutz und die IT.
Ihre Einbindung vor der Aufsetzung von Awareness-Maßnahmen gewährleistet
eine ganzheitliche und effektive Awareness-Strategie.

Kommunikationsabteilung

Die Kommunikationsabteilung spielt eine zentrale Rolle bei der Gestaltung der internen Kommunikation. Sie verfügt über das Fachwissen, um die Awareness-Botschaften klar und zielgerichtet zu kommunizieren und kennt die verfügbaren Kanäle und Medien. Durch eine enge Zusammenarbeit kann sie bei der Erstellung von Kommunikationsmaterialien, Informationsverteilung und Sicherheitskampagnen unterstützen. Die Kommunikationsabteilung kann sicherstellen, dass die Botschaften die „Sprache des Unternehmens" vermitteln, die gewünschte Wirkung erzielen und von den Mitarbeitern verstanden werden.

Personalabteilung

Die Personalabteilung ist für das Personalmanagement und die Mitarbeiterentwicklung verantwortlich. Ihre Einbindung ermöglicht es, die Awareness-Maßnahmen in die Mitarbeiterentwicklungsprogramme und Schulungen zu integrieren. Häufig werden Schulungsangebote zentral von der Personalabteilung kommuniziert. Dies sollte beibehalten werden, damit die Mitarbeiter verstehen, dass es sich hierbei um eine offizielle, zentrale Maßnahme handelt. Weiterhin kann die Abteilung bei der Identifizierung von Schulungsbedarf, Planung von Schulungen und Überwachung der Fortschritte unterstützen. Die enge Zusammenarbeit mit der Personalabteilung stellt sicher, dass die Awareness-Maßnahmen in die gesamte Mitarbeiterstruktur eingebettet sind und den individuellen Schulungsbedarf berücksichtigen.

Betriebsrat

Der Betriebsrat vertritt die Interessen der Mitarbeiter und hat Mitspracherecht bei betrieblichen Entscheidungen. Die Einbindung des Betriebsrats bei Awareness-Maßnahmen gewährleistet, dass die Interessen der Mitarbeiter berücksichtigt werden und dass die Maßnahmen im Einklang mit den geltenden Arbeits- und Datenschutzgesetzen stehen. Der Dialog mit dem Betriebsrat ermöglicht es, potenzielle Bedenken oder Fragen frühzeitig zu erkennen und zu adressieren, um einen reibungslosen Implementierungsprozess zu gewährleisten.

Datenschutz

Der Datenschutz spielt eine entscheidende Rolle, da Datenschutz und Informationssicherheit eng miteinander verknüpft sind. Die Einbindung des Datenschutzes ist wichtig, um sicherzustellen, dass die Maßnahmen den geltenden Datenschutzbestimmungen entsprechen. Sie können bei der Identifizierung sensibler Informationen, Erstellung von Richtlinien und Schulungsinhalten sowie bei der Überprüfung der Maßnahmen auf Datenschutzkonformität unterstützen. Die Zusammenarbeit mit

dem Datenschutz gewährleistet den Schutz der Mitarbeiterdaten und die Einhaltung
der gesetzlichen Vorgaben.

IT

Durch den hohen Digitalisierungsgrad an Informationen, ist eine enge Zusammenarbeit mit der IT unumgänglich. Weiterhin stellt diese einen Großteil des Sicherheitsniveaus sicher. Außerdem muss die IT bei diversen Awareness-Maßnahmen wie
zum Beispiel Phishing-Kampagnen unterstützen. Gegebenenfalls wurden durch die
IT bereits in der Vergangenheit Initiativen gestartet, welche die Mitarbeitersensibilisierung erhöhen sollten. Hier ist es demnach wichtig an einem Strang zu ziehen
und die Kollegen frühzeitig einzubinden.

2.3   Management Buy-In

Das Management Buy-In ist von entscheidender Bedeutung, um die Unterstützung der Führungsebene für Informationssicherheit zu gewinnen. Hierbei handelt
es sich allerdings immer um eine Einzelfallbetrachtung, für die es keine generi-
sche Lösung gibt. Die Möglichkeit, das Management zu überzeugen und demnach
auch entsprechende Ressourcen zu erhalten, hängt von vielen Faktoren ab. Einige
Beispiele sind:

- bisherige Erfahrungen mit Angriffen
- regulatorische Anforderungen der Branche
- finanzielle Lage des Unternehmens
- generelle Offenheit gegenüber Technologien.

Dennoch sollen in diesem Kapitel einige Punkte aufgezeigt werden, welche bei
der Argumentation unterstützen.

Der erste Schritt besteht darin, die relevanten Risiken für die Informationssicherheit im Unternehmen klar aufzuzeigen. Dies umfasst die potenziellen
finanziellen Verluste durch Sicherheitsverletzungen, den Schaden der Reputation,
rechtliche Konsequenzen und mögliche Auswirkungen auf Kunden, Lieferan-
ten und Partner. Durch die verständliche Darstellung dieser Risiken, wird das
Bewusstsein für die Notwendigkeit von Mitarbeiter-Awareness geschärft und dessen Bedeutung für das Management deutlich gemacht. Dabei ist es wichtig dem
Management zu vermitteln, dass aufmerksame Mitarbeiter eine effektive Lösung

zur Verringerung von Sicherheitsrisiken darstellen. Durch Schulungen, Kampagnen und regelmäßigen Kommunikationen können Mitarbeiter befähigt werden, sich sicherheitsbewusst zu verhalten und potenzielle Bedrohungen zu erkennen. Indem betont wird, dass Awareness eine präventive Maßnahme ist, die Sicherheitsvorfälle proaktiv verhindert und Kosten reduziert (Stichwort RODNI), kann das Management von ihrer Wirksamkeit überzeugt werden.

Der zweite Schritt sieht vor, dem Management ein klares Vorgehen für die Umsetzung der Maßnahmen aufzuzeigen. Dies beinhaltet die Identifizierung von Schulungsbedarf, die Auswahl geeigneter Schulungsmethoden, die Entwicklung von Kommunikationsmaterialien und die Festlegung eines Zeitplans.

Im dritten Schritt ist es wichtig, die Kosten für diese Maßnahmen transparent darzulegen und den Mehrwert zu betonen, den sie für das Unternehmen bringen. Dies kann beispielsweise durch den Vergleich der Kosten für Sicherheitsvorfälle mit den Investitionen in Awareness-Maßnahmen erfolgen. Dabei können die Kosten je nach Maßnahme stark variieren. Während Poster und Handouts bereits für einen dreistelligen Betrag erstellt werden, können Simulationen und Live-Hacking durch die Unterstützung von externen Beratern schnell kostspielig werden. Werden die entstehenden Kosten der Maßnahmen betrachtet, übersteigt der Nutzen konstant die Kosten. Einige der in den folgenden Kapiteln angesprochenen Maßnahmen können ohne oder mit geringem Budget realisiert werden: Phishing-Tests können bereits mit kostenlosen Anwendungen selbstständig durchgeführt werden, die Inhalte für Handout und die Erstellung einer Marke sowie Logo können in Eigenregie erledigt werden. Lediglich die Lizensierung einer E-Learning Plattform stellt hier eine Ausnahme dar und wird – je nach Unternehmensgröße und Anzahl der Lizenzen – einen fünfstelligen Betrag veranschlagen.

Bei der Schaffung einer Kultur der Cyber-Sicherheit handelt es sich nicht um ein einmaliges Projekt, sondern einen dauerhaften Prozess.

Die in diesem Kapitel angesprochenen Punkte haben das Ziel, die Mitarbeiter auf die bevorstehenden Inhalte, Veranstaltungen und Maßnahmen vorzubereiten. Hier soll der Fokus darauf gelegt werden, Interesse zu erzeugen, die Mitarbeiter schon im ersten Ansatz für das Thema wach zu kitzeln und dafür zu sorgen, dass über die Maßnahmen in der Durchführungsphase im Vorfeld gesprochen wird.

3.1 Bildung einer Marke

Bei der Schaffung einer Kultur der Cyber-Sicherheit handelt es sich nicht um ein einmaliges Projekt, sondern einen dauerhaften Prozess. Damit Mitarbeiter sämtliche Themen, Maßnahmen und Initiativen auf Anhieb erkennen, ist die die Bildung einer starken Marke, die einen einprägsamen Namen und ein ansprechendes Logo umfasst, empfehlenswert. Eine gut definierte Marke schafft Vertrauen, Glaubwürdigkeit und eine klare Identität für die Sicherheitskampagne. Sie ermöglicht es den Mitarbeitern, sich mit den Sicherheitszielen zu identifizieren und einen positiven Eindruck von der Bedeutung der Informationssicherheit zu gewinnen. Dabei ist vor Allem die Wahl eines einprägsamen Namens entscheidend, um die Aufmerksamkeit der Mitarbeiter zu gewinnen und die Sicherheitsbotschaft zu vermitteln. Der Name sollte einfach, prägnant und leicht zu merken sein. Idealerweise stellt dieser eine Verbindung zum Firmennamen dar und inkludiert dabei Fachbegriffe wie „secure" oder „safe".

Hier ein paar unternehmensunabhängige Beispiele:

© Der/die Autor(en), exklusiv lizenziert an Springer Fachmedien Wiesbaden GmbH, ein Teil von Springer Nature 2023
F. Jörgens, *The Human Firewall*, essentials,
https://doi.org/10.1007/978-3-658-42757-3_3

„SecureForce": Dieser Name vermittelt ein Gefühl von Stärke und Sicherheit. Er kann in verschiedenen Sicherheitskampagnen verwendet werden, um die Idee eines Teams zu vermitteln, das sich für die Sicherheit der Informationen einsetzt. *„CyberShield"*: Dieser Name verbindet das Konzept der Cyber-Security mit dem Bild eines Schutzschildes. Es erzeugt eine starke visuelle Assoziation und verdeutlicht den Schutz der digitalen Assets. *„SafeNet"*: Dieser Name betont die Idee eines sicheren Netzwerks und spielt auf den Schutz von Daten und Informationen an.

Das Markenlogo ist ein zentraler Bestandteil der Markenbildung. Es dient als visuelles Symbol und ermöglicht eine schnelle Identifizierung der Sicherheitskampagne. Das Logo sollte professionell gestaltet sein und die Sicherheitsbotschaft auf kreative Weise kommunizieren. Auch hier besteht die Möglichkeit, den Firmennamen in das Logo einzubinden. Dies kann beispielsweise durch die Verwendung der Konzernfarben oder die Nutzung von Buchstaben und Symbolen, die mit der Branche oder dem Unternehmen in Verbindung stehen, geschehen. So könnte ein Unternehmen den Firmennamen in einem technisch inspirierten Schriftzug darstellen und ein Schlosssymbol verwenden, um Sicherheit zu symbolisieren. Hierbei kann auch die Kommunikationsabteilung unterstützen. Im letzten Schritt muss eine konsistente Markennutzung sichergestellt werden. Alle Kommunikationsmaterialien, Schulungen und Veranstaltungen sollten das gleiche Logo und den gleichen Markennamen verwenden, um eine einheitliche Botschaft zu vermitteln. Dadurch wird eine klare Identität und ein professionelles Erscheinungsbild für die Sicherheitskampagne geschaffen, was wiederum die Wirksamkeit und Glaubwürdigkeit der Sicherheitsbotschaften erhöht.

3.2   Zentrale Informationsplattform

In einer zunehmend vernetzten und informationsreichen Welt ist es für Unternehmen von entscheidender Bedeutung, eine zentrale Informationsplattform zu haben, auf der alle relevanten Informationen über Informationssicherheit gebündelt und veröffentlicht werden. Hierbei bietet sich zum Beispiel ein Teilbereich des Intranets an, welcher über eine eigene Sub-Domain erreicht werden kann. Diese Sub-Domain könnte zum Beispiel der Markenname sein. Dies stellt sicher, dass alle Mitarbeiter einfachen Zugang zu sicherheitsrelevanten Informationen haben, unabhängig von Standort, Uhrzeit oder Abteilung. Dies fördert die generelle Zugänglichkeit und Transparenz. Eine zentrale Informationsplattform reduziert darüber hinaus den Aufwand für die Verteilung von Sicherheitsinformationen erheblich. Statt Informationen auf verschiedenen Kanälen und in unterschiedlichen Formaten zu verteilen, können alle relevanten Inhalte an einem Ort konsolidiert werden. Dies spart Zeit und Ressourcen für die Erstellung und Verbreitung von Sicherheitsdokumenten. Außerdem können Informationen an einem zentralen Ort konsistent und aktuell gehalten werden. Mitarbeiter können so auf eine verlässliche Quelle zugreifen, um die neuesten Richtlinien, Verfahren, Schulungsmaterialien und Best Practices im Bereich der Informationssicherheit einzusehen. Dies trägt dazu bei, Missverständnisse und Verwirrung zu vermeiden und stellt sicher, dass alle Mitarbeiter auf dem gleichen Wissensstand sind. Weiterhin können über diese Plattform Meldungen über aktuelle Sicherheitswarnungen publiziert werden.

Der letzte nicht zu unterschätzende Vorteil ist die Einhaltung von Sicherheitsstandards und -richtlinien. Durch die Bereitstellung aller relevanten Informationen an einem Ort, können Unternehmen sicherstellen, dass die Mitarbeiter über die erforderlichen Sicherheitsmaßnahmen informiert sind und entsprechend handeln. Die Plattform kann auch als Referenzpunkt für interne und externe Audits dienen, um die Erfüllung von Compliance-Anforderungen nachzuweisen.

Themenbereiche, welche auf dieser Plattform hinterlegt werden können, sind beispielsweise:

- Sicherheitsrichtlinien und -verfahren
- Schulungsmaterialien und -ressourcen
- Aktuelle Sicherheitswarnungen und -hinweise
- Best Practices und Leitfäden
- Kontaktdaten des Sicherheitsteams/ISOs
- Interaktive Lernmodule oder Quizze zur Überprüfung des Sicherheitswissens

3.3 Videobotschaft vom Top-Management

Wie bereits in Abschn. 2.3 erwähnt ist die Überzeugung des Managements eine notwendige Grundlage. Informationssicherheit funktioniert nur „Top-Down". Dies bedeutet – im Vergleich zum „Bottom-Up" Ansatz – dass das Verständnis und das Bestreben nach der Umsetzung von „oben" nach „unten" durch das Unternehmen gelebt werden müssen. Demnach ist das wichtigste Gremium, welches zu Beginn überzeugt werden muss, das verantwortliche Top-Management. Je nach Unternehmensgröße oder Rechtsform handelt es sich hierbei um den Vorstand (+ Aufsichtsrat), Beirat, Gesellschafter oder die Geschäftsführung. Sollte dieser die Wichtigkeit oder Bedeutung von Informationssicherheit bzw. dem Schutz unternehmenseigener Informationen keine Aufmerksamkeit schenken, sind sämtliche Sicherheitsprojekte nur schwer bis nahezu unmöglich umzusetzen. Dabei muss dem Top-Management bewusst sein, dass die „Accountability" also die Zurechenbarkeit bzw. Rechenschaftspflicht sich nicht delegieren lässt und in einem Information Security Management System bzw. Security Framework immer beim obersten Management liegt.

In der Praxis existieren unterschiedliche Ansätze als Verantwortlicher den entsprechenden Rückhalt sowie die notwendigen Ressourcen zu erlangen. Idealerweise entsteht die Erkenntnis aus einem eigenen Antrieb heraus, da das Unternehmen beziehungsweise das verantwortliche Management die Wichtigkeit von Informationssicherheit im digitalen Zeitalter erkannt hat. Auch der Austausch des Top-Managements mit Entscheidern anderer Unternehmen, gegebenenfalls sogar der gleichen Branche, kann hilfreich sein. Dieser Austausch ist häufig neutraler als Gespräche mit Sicherheitsverantwortlichen. Ein weiterer Antrieb kann das Ergebnis eines externen Audits oder Maturity Assesments sein, welches den aktuellen Reifegrad des Unternehmens innerhalb des Sicherheitsmanagements evaluiert. Erste Indikatoren können dabei bereits im Rahmen der jährlichen Jahresabschlussprüfung durch den Wirtschaftsprüfer entstehen, insofern dieser auf bestimmte Missstände aufmerksam gemacht hat. Der wohl unangenehmste Lerneffekt tritt durch einen tatsächlichen Sicherheitsvorfall ein. Sollte das Unternehmen Opfer eines erfolgreichen Angriffs sein und erst daraufhin über entsprechende Maßnahmen nachdenken, erschwert dies nicht nur den gesamten Prozess, sondern stellt sich erfahrungsgemäß als wesentlich teurer dar.

Sobald das Verständnis und die Notwendigkeit zum Handeln vorhanden ist, ist es ratsam, dies auch innerhalb des Unternehmens öffentlich zu machen. Ein mächtiges Instrument stellt hierbei eine Video-Botschaft vom Top-Management dar. Hierzu wird ein Teil des Top-Managements (z. B. GF, CEO, CFO) oder das gesamte Board gebeten, einen kurzen Video-Clip einzusprechen. Die Kernbotschaft sollte hierbei die folgenden Eckpunkte beinhalten:

- Die Bedeutung des Themas wurde erkannt
- Eine 100 %ige Sicherheit ist nicht möglich, auch das Management kann es treffen
- Verantwortlich für das Thema ist die Person/der Bereich XYZ
- Alle Mitarbeiter werden dazu aufgerufen zu unterstützen
- Ggf. Call-to-Action wie die Teilnahme an einer Veranstaltung oder Ähnlichem

Dieses Video sollte mindestens in der jeweiligen Landessprache und einer weiteren, recht verbreiteten, Sprache wie zum Beispiel Englisch eingesprochen werden.

Für Unternehmen mit internationalen Standorten empfiehlt es sich, zusätzlich ein Transkript anzulegen und die Texte als Untertitel übersetzen zu lassen.

Im letzten Schritt ist es wichtig, sich über die Veröffentlichung und Verbreitung der Inhalte Gedanken zu machen. Dabei ist es wichtig, dass der Verantwortliche für Informationssicherheit frühzeitig mit der Kommunikationsabteilung in Verbindung steht. Ein Versand per E-Mail kann genauso gut wie die Veröffentlichung im Intranet funktionieren. Dabei sollte allerdings immer an Mitarbeiter ohne (permanenten) Zugriff zu einem Unternehmens-Computer gedacht werden, wie zum Beispiel die Mitarbeiter in der Produktion. Hier würde sich ggf. das Abspielen des Videos auf Bildschirmen im Pausenraum anbieten. So können grundlegende Informationen zu Stakeholdern oder Kommunikationskanälen eingeholt werden.

3.4 Phishing-Test

Die Globalisierung und die stetig wachsende Digitalisierung haben neben einer Vielzahl an Vorteilen auch diverse Schattenseiten mit sich gebracht. Durch das Medium E-Mail ist die Kommunikation mit einer schier unendlichen Anzahl an Menschen möglich. Dies eröffnet kriminellen Einzelpersonen, Institutionen sowie Organisationen neue Geschäftsmodelle, um Geld oder Informationen auf betrügerische Art und Weise zu beschaffen.

Der technologische Fortschritt hat dazu geführt, dass technische Maßnahmen der IT-Sicherheit immer besser geworden sind. Dies haben auch die Angreifer festgestellt und ihre Angriffsmuster angepasst. Da sich wie bereits erwähnt, ein Mensch leichter „hacken" lässt als ein System, sind es vor allem Attacken aus dem Bereich Social Engineering, die in Kombination mit klassischer Schadsoftware ihre Opfer treffen. Beim Social-Engineering wird versucht, durch Manipulation oder Täuschung beim Opfer bestimmte Aktionen auszulösen. Klassische Szenarien sind hierbei zum Beispiel der vermeintliche Anruf eines falschen Administrators, der Zugangsdaten wie Passwörter oder Bankdaten abfragen möchte. Die bekannteste Art des Social Engineerings ist das Phishing (Neologismus von fishing, engl. für Angeln). Hierbei werden Nachrichten, Webseiten oder E-Mails täuschend echt gefälscht, an das Opfer geschickt und darauf spekuliert, dass diese beispielsweise Links in der E-Mail anklicken oder Dateianhänge herunterladen, die Schadsoftware enthalten. Hierzu kopieren Angreifer die originalen Webseiten und manipulieren diese so, dass Eingaben nicht an den eigentlichen Server, sondern an die Angreifer geschickt werden. Dadurch können zum Beispiel Zugangsdaten oder Bankdaten abgefangen werden. Eine Möglichkeit, um diesen Betrug als Empfänger zu entdecken, besteht darin, mit der Maus über den Link zu fahren und somit das Vorschaufenster zum eigentlichen Link aufzuklappen. So wird ersichtlich, dass die tatsächliche Website eine andere ist als die angegebene.

Weitere Anhaltspunkte, an denen Phishing erkannt werden kann, sind:

- gefälschte Absenderadressen
- unpersönliche Anrede
- Hinweis auf dringenden Handlungsbedarf
- Drohungen
- Abfrage vertraulicher Daten
- Aufforderung zum Öffnen von Anhängen oder Anklicken von Links

Es sei jedoch gesagt, dass die Beachtung dieser Merkmale keine Garantie dafür darstellt, dass es sich nicht doch um eine Phishing-Mail handelt. Aus Unternehmenssicht ist es ratsam, die Anfälligkeit der Mitarbeiter für Phishing-Angriffe zu messen. Hierzu eignen sich Phishing-Tests. Dabei werden von der Sicherheitsabteilung oder einem beauftragten Unternehmen entsprechende Phishing-Mails erstellt und verschickt, welche die Skepsis der Mitarbeiter gegenüber möglicher Phishing-Mails testen soll. Mögliche Indikatoren, welche die Mail als Phishing-Mail identifizierbar machen, können, sind zum Beispiel ein veränderter Absender oder ein verfälschter Link in der E-Mail. Erfahrungsgemäß kann auch im Disclaimer der E-Mail stehen, dass es sich um einen Phishing-Test handelt. Auf die tatsächliche Klickrate hat dies keinen Einfluss.

Um die Mitarbeiter dazu zu bewegen, den Link in der E-Mail anzuklicken, können diverse Köder verwendet werden. Hierzu eignet sich ein Gewinnspiel, ein erzwungener Passwortwechsel oder die Aufforderung eines vermeintlichen Vorgesetzten. Wichtig ist, dass im Nachgang die Klickraten nicht auf der Ebene des einzelnen Mitarbeiters sondern bereichsbezogen erfasst werden. Dies entspricht den Anforderungen von Betriebsrat und Datenschutz. Ohnehin ist die Klickrate über das gesamte Unternehmen oder einzelne Unternehmensbereiche wesentlich wichtiger, um dort entsprechend schulen zu können.

Gelegentlich gibt es Kritik gegenüber internen Phishing-Test. Hauptargument ist dabei die Überwachung und das absichtliche „in die Falle locken" der Mitarbeiter. Dies ist allerdings eine Frage der Fehlerkultur im jeweiligen Unternehmen und muss losgelöst vom Thema Phishing betrachtet werden. Fällt ein Mitarbeiter auf einen Phishing Link herein, sollte es immer in der Verantwortung der Sicherheitsabteilung liegen, die sich selbst hinterfragen muss, ob ggf. zu wenig oder falsch geschult wurde. Eine Möglichkeit der Sensibilisierung gegenüber Phishing ist die Einbindung der in Abschn. 2.1 angesprochenen Videobotschaft an die Belegschaft. Gibt der Mitarbeiter also seine Zugangsdaten ein, wird ein Video eingeblendet, beispielsweise eingesprochen vom Geschäftsführer. Dies könnte beispielsweise so aussehen:

> „Haben Sie gerade Ihre Zugangsdaten auf dieser Seite eingegeben? Um ehrlich zu sein, dass hätte mir auch passieren können. Tatsächlich befinden Sie sich gerade nicht auf [entsprechende Seite einfügen] sondern auf einer gut gemachten Phishing-Seite. Mit diesen Zugangsdaten könnte ein Angreifer nun Zugang zu vertraulichen Informationen erhalten und dabei Ihre Identität nutzen. Seien Sie aber beruhigt, es handelt sich hierbei nur um einen Test. Demnach wurden keine Ihrer Zugangsdaten übertragen oder gespeichert. [Nun kann ein Hinweis erfolgen, welche Statistik erzeugt wird, zum Beispiel wie viele Personen geklickt, Zugangsdaten eingegeben oder das Video gesehen haben]. Solche professionellen Phishing-Attacken gehören heutzutage zum Standard-Angriff eines jeden Hackers. Angriffe auf unsere vertraulichen Informationen passieren immer häufiger. Daher hat es für uns oberste Priorität dafür zu sorgen, dass unsere Mitarbeiter und Mitarbeiterinnen solche Angriffe erkennen, abwehren und melden können. [Nun kann ein Hinweis auf ein bald startendes E-Learning, eine Schulungs-Website oder eine Veranstaltung zu Sensibilisierung erfolgen] Machen Sie mit. Ich danke Ihnen".

Phishing-Tests sollten nicht als einmaliges Projekt, sondern dauerhaften Prozess implementiert werden. Nur so lässt sich eine Aussage über die Effektivität der Sensibilisierungsmaßnahmen treffen. Weiterhin ist es wichtig, dass ein toolgestützter Prozess zum Melden verdächtiger E-Mails vorhanden ist, beispielsweise über einen Melde-Button im E-Mail Programm.

3.5 Poster

Die Wahrscheinlichkeit, alle Mitarbeiter mit der in Abschn. 2.1 erwähnten Videobotschaft zu erreichen, ist gering. Eine Möglichkeit, die Mitarbeiter immer wieder zu sensibilisieren, sind Poster an strategisch wichtigen Orten, wie beispielsweise im Aufzug, der Kantine oder an schwarzen Brettern. Diese können dazu genutzt werden, unterschiedliche Kernbotschaften zu vermitteln. Dabei kann es sich entweder um das Verhalten bei einem Sicherheitsvorfall handeln, die Bewerbung einer Kampagne zur Informationssicherheit oder die Aufforderung zum

Tragen des Mitarbeiterausweises, um den Zutrittsschutz zu verbessern. Dies kann zum Beispiel so dargestellt werden:

Das Poster zeigt Personen in Business-Kleidung. Darauf der Slogan „Erkennen Sie Ihre Kollegen? Wir auch nicht. Tragen Sie den Mitarbeiterausweis gut sichtbar."

Wichtig ist auch an dieser Stelle die Poster in entsprechender Sprache entweder digital oder direkt in gedruckter Form den jeweiligen Standorten zur Verfügung zu stellen.

3.6   ISOs/Koordinatoren/Change-Agents: Der Multiplikator-Effekt

Je nach Unternehmensgröße stößt die Informationssicherheitsabteilung schnell an die Grenzen ihrer Ressourcen, wenn es darum geht, den Überblick über alle relevanten Aktivitäten im Unternehmen zu behalten. In großen Konzernen mit hunderten von Mitarbeitern, unterschiedlichen Abteilungen und internationalen Standorten wird es zwangsweise dazu kommen, dass Themen an der entsprechenden Abteilung vorbeilaufen. Dies endet häufig damit, dass die Informationssicherheit als letzte Instanz die Position des Verhinderers eines Angriffs, anstatt die des Ermöglichers einer sicheren Umgebung einnehmen muss.

In den seltensten Fällen sind in der Abteilung der Informationssicherheit so viele Mitarbeiter disziplinarisch und organisatorisch zugeordnet, dass ein konstanter Informationsfluss über das gesamte Unternehmen gewährleistet werden kann. Abhilfe schafft hier die Einführung eines Koordinatoren-Modells. Die Koordinatoren oder auch ISO (Information Security Officer)-Koordinatoren werden vom Leiter der „Division", „Legal Entities", „Gesellschaften" oder „Business Units" ernannt und überwachen und koordinieren alle Aspekte der Informationssicherheit in ihrem Bereich. In den meisten Fällen handelt es sich hierbei um Mitarbeiter, welche diese Aufgabe parallel zu ihrer regulären Haupttätigkeit erfüllen. Die konkreten Aufgabenbereiche unterscheiden sich hierbei von Unternehmen zu Unternehmen. Dabei ist auch relevant, ob das Unternehmen bereits einen eigenen Bereich für Informationssicherheit besitzt und ISOs, ggf. als Vollzeitkräfte, eingestellt sind. Dabei sind die Aufgabenbereiche der ISOs häufig:

- Initiierung und Überwachung der Umsetzung von IS-Maßnahmen und Projekten
- Durchführung von Sensibilisierungsschulungen und -kampagnen zur Steigerung der Awareness

- Überwachung und Umsetzung der Vorgaben aus den IS-Richtlinien. Je nach Organisationsaufbau müssen lokale Richtlinien daraus abgeleitet und erstellt werden.
- Steuern des IS- und Informationsrisikomanagement und Abstimmung mit der eigentlichen IS-Abteilung
- Initiierung und Überwachung von lokalen IT- und Nicht-IT-Diensten (insofern lokal vorhanden)
- Einbindung vom lokalen Vorfallmanagement in den globalen Prozess (insofern lokal vorhanden)
- Beratung der eigenen Organisation in Bezug auf IS
- Meldung von neuen Projekten, Vorfällen, Auffälligkeiten, Initiativen rund um das Thema IS an die IS-Abteilung

Der ISO deckt demnach insgesamt vier Bereiche ab: Agieren als „Ohren und Augen" für die Sicherheitsabteilung, Erhöhung der Sensibilität im eigenen Bereich, Übernahme einer Botschafterrolle und Unterstützung bei der lokalen Umsetzung von Maßnahmen. Die Grundvoraussetzungen, die der Koordinator dabei erfüllen sollte, sind dabei entspreche Sprachkenntnisse (ggf. englisch, sollte sich die Koordinator-Community international zusammensetzen) sowie Interesse und Verständnis für die Wichtigkeit der Thematik. Ein gutes Netzwerk innerhalb des Unternehmens und Spaß am Thema dürfen dabei natürlich nicht fehlen. Fachliche Herausforderungen sind ein Vorteil aber nicht zwingend erforderlich. Wichtig ist, dass der ISO die volle Unterstützung durch die Sicherheitsabteilung erhält. Diese führen auch weiterhin Trainings durch, schulen die restlichen Mitarbeiter und stehen bei Problemen dem ISO zur Seite.

3.7   Jahresplanung

Viele der hier dargestellten Maßnahmen benötigen Ressourcen und Vorlaufzeit. Demnach sollte nicht der Anspruch sein, alle davon in einem Jahr umzusetzen. Wichtiger ist es, eine kontinuierliche Awareness im Unternehmen zu verankern. Diese baut auf einer Jahresplanung auf, um die entsprechenden Ressourcen im Vorfeld planen zu können. Die Bestandteile dieser Planung sind die Festlegung von Zielen beziehungsweise die Identifizierung von Schwerpunktthemen, die Auswahl von Schulungsmethoden und -formaten, sowie die Festlegung von Zeitplänen. Bei der Festlegung von Zielen beziehungsweise Schwerpunktthemen können sich diese auf aktuelle Bedrohungen, spezifische Sicherheitsziele oder organisatorische Herausforderungen beziehen. Auch können diese mit anderen,

für das Unternehmen relevante, Themen verknüpft werden. Die ausgewählten
Schulungsmethoden und -formate sollten praxisnah, effektiv und vor allem
abwechslungsreich und spannend sein. Hier bietet sich ein bunter Mix aus
unterschiedlichen Medien und Themenschwerpunkten an. Die Festlegung von
Zeitplänen unterscheidet sich nicht vom klassischen Projektmanagement. Es
benötigt die Bestimmung von Start- und Enddaten, die Allokation von Ressourcen
in Form von Budget und Mitarbeitern als auch die Abstimmung mit den anderen
Abteilungen im Unternehmen.

Durchführung

4

Die in Kap. 3 dargestellten Maßnahmen haben das Ziel, die Mitarbeiter auf die eigentlichen Initiativen vorzubereiten. Die Durchführung der Awareness Maßnahmen bedingt einiges an Vorbereitung und kann eine Kombination aus vor Ort und virtuellen Veranstaltungen darstellen. Dies ist abhängig davon, wie viele Mitarbeiter das Unternehmen hat und ob diese international verteilt sind. Hier ist eine Pauschalaussage nicht möglich, sondern muss im Einzelfall bewertet werden. In der folgenden Unterkapitel werden Themenbereiche vorgestellt, welche definitiv berücksichtigt werden sollten.

4.1 Live-Hacking Demonstration

Unabhängig davon, in welcher Position oder Rolle der zu schulende Mitarbeiter arbeitet, Informationssicherheit betrifft auch ihn. Nun ist es in der Regel so, dass in Unternehmen häufig eine sehr heterogene Mitarbeiterlandschaft vorzufinden ist:

Es gibt Mitarbeiter, welche durch ihre Büro-Tätigkeit einen gewissen Bezug zur Informationssicherheit haben, beispielsweise die Buchhaltung, die Steuer-Abteilung oder das Personalwesen. Auf der anderen Seite arbeiten Mitarbeiter seit mehreren Jahrzehnten in der Produktion und reparieren zum Beispiel Maschinen. Gegebenenfalls haben diese im operativen Tagesgeschäft wenig Berührungspunkte mit digitalen Inhalten. Dennoch ist es wichtig, auch diese Mitarbeiter über das Thema Informationssicherheit zu informieren. In der Produktion wird beispielsweise noch häufig mit nicht-digitalen, analogen Informationen gearbeitet wie ausgedruckten Bauplänen, Checklisten oder Ordnern mit vertraulichen

F. Jörgens, *The Human Firewall*, essentials,
https://doi.org/10.1007/978-3-658-42757-3_4

Informationen. Daneben existieren auch in produzierenden Bereichen Terminal-Rechner mit Zugang zum internen Firmennetzwerk.

Daneben sollte auch der Schutz der Operational Technolgy (OT) nicht aus den Augen verloren werden. Dabei handelt es sich um industrielle Kontrollsysteme (ICS) und der zugehörigen Infrastruktur, die zur Steuerung und Überwachung industrieller Prozesse eingesetzt werden. Dazu gehören Systeme wie Supervisory Control and Data Acquisition (SCADA), Distributed Control Systems (DCS) und Programmable Logic Controllers (PLCs).

Im Rahmen von Live-Hacking Demonstrationen kann diesen Mitarbeitern aufgezeigt werden, wie einfach es ist, Computer zu übernehmen, E-Mails mit gefälschten Absendern zu verschicken oder welche Gefahr von aktivierten Makros ausgeht. Diese Demonstrationen sind in der Lage, Menschen auf anschauliche Weise zu zeigen, wie Cyberkriminelle Schwachstellen in IT-Systemen ausnutzen können, um Zugriff auf vertrauliche Informationen zu erlangen oder Schaden anzurichten. Durch die Demonstrationen können die Mitarbeiter die Bedrohung hautnah erleben und besser verstehen, welche Risiken mit unzureichender IT-Sicherheit verbunden sind. Dies kann zu einer gesteigerten Sensibilisierung für das Thema führen und dazu beitragen, dass Menschen sich der Notwendigkeit bewusstwerden, einen Teil zur Verbesserung des allgemeinen Sicherheitsniveaus beizutragen.

Wichtig ist dabei zu beachten, dass Live-Hacking-Demonstrationen immer unter ethischen Gesichtspunkten und in präparierten Testumgebungen durchgeführt werden sollten. Angriffe auf Produktivsysteme oder anderer Unternehmen sind demnach absolut inakzeptabel.

4.2 E-Learning

Mit den im vorherigen Kapitel angesprochenen Veranstaltungen und Schulungen werden, je nach Unternehmensgröße, sehr schnell organisatorische Grenzen aufgezeigt. Gerade bei großen Konzernen, welche international agieren, steht der Aufwand, die Mitarbeiter vor Ort zu schulen, in keinem Verhältnis zum Mehrwert. Eine gängige Alternative ist hierbei der Einsatz einer E-Learning Plattform. Am Markt existieren dabei diverse Anbieter, welche im Kern ähnliche Ansätze verfolgen. Diese Plattformen stellen den Anwendern in unterschiedlichen, interaktiven Formaten und Medien die relevanten Inhalte zur Verfügung. Diese stammen beispielsweise aus den Bereichen:

- Phishing & Social Engineering
- Passwort sicherheit
- Datenschutz
- Sicherheit am Arbeitsplatz
- Sicherheit außerhalb des Arbeitsplatzes
- E-Mail Sicherheit
- Mobile Sicherheit
- Schadsoftware

Bei der Verwendung einer solchen Plattform sind einige Punkte zu beachten. Grundsätzlich sollte das E-Learning eine verpflichtende Maßnahme für alle Mitarbeiter darstellen. Dies garantiert, dass die Inhalte auch bearbeitet werden. Durch diese Anforderung ist es unter Umständen notwendig, dass die Lerninhalte in der jeweiligen Landessprache angeboten werden. Zur finalen Abstimmung und Klärung sollten hier neben dem Betriebsrat auch die Personalabteilung eingebunden werden. Je nach Unternehmen, wird es ebenfalls Abteilungen geben, in denen die Mitarbeiter nicht über einen permanenten Zugriff zu einem Computer verfügen. Dies wird recht häufig der Fall in produzierenden Bereichen sein. Unter Umständen existieren dort lediglich Terminal-Computer, welche von den Mitarbeitern gelegentlich genutzt werden, um Gehaltsabrechnungen oder – wenn vorhanden – das E-Mail Konto zu überprüfen. Unabhängig davon, sollen auch diese Mitarbeiter geschult werden. Daher sollte für diese Bereiche ein längerer Schulungszeitraum eingeplant werden. Der verlängerte Zeitraum sollte bei der späteren Auswertung der Teilnehmerquoten berücksichtigt werden.

Um hohe Teilnehmerquoten (jenseits von 85 %) zu erreichen, ist es sinnvoll, die jeweiligen Vorgesetzten in die Pflicht zu nehmen. Am Ende des Tages is es irrelevant, welcher einzelne Mitarbeiter an dem E-Learning teilgenommen hat. Das übergeordnete Ziel sollte stets eine allgemein hohe Teilnehmerquote sein. Um den Anforderungen des Datenschutzes sowie des Betriebsrates entgegenzukommen, sollte demnach auf eine Mitarbeiter-genaue Überwachung der Teilnahme verzichtet werden.

Das Tracking der Teilnehmerzahl auf Abteilungsebene hingegen ist absolut zu empfehlen. Welche Organisationseinheit hier die passende Größe darstellt, muss im Einzelfall bewertet werden. In der Regel macht es Sinn auf der Ebene von „Division", „Legal Entities", „Gesellschaften" oder „Business Units" zu bleiben, also Einheiten mit mehr als 100 Mitarbeitern. Hierbei sollte der jeweilige Leiter oder Manager der Organisationseinheit über die Erfassung der Teilnehmerquoten (die des eigenen, zuständigen Bereichs sowie des allgemeinen Durchschnitts) informiert werden. Um sicherzustellen, dass für das E-Learning auch innerhalb des Verantwortungsbereichs geworben wird, wird das Ranking über alle Organisationseinheiten nach Ablauf des Schulungszeitraums oder in regelmäßigen Abständen an den Vorstand berichtet. Auch dies sollte proaktiv dem Verantwortlichen mitgeteilt werden. Dies führt erfahrungsgemäß automatisch dazu, dass der jeweilige Leiter oder Manager seine Mitarbeiter dazu motiviert, am E-Learning teilzunehmen, da dieser mit seiner Organisationseinheit nicht den letzten Platz belegen möchte.

Um die Mitarbeiter zusätzlich zu motivieren, besteht die Möglichkeit, das erfolgreiche Abschließen des E-Learnings zu prämieren. Beispielsweise können die Mitarbeiter im Nachgang ihre Zertifikate einsenden und an einer Verlosung teilnehmen. Hier bietet es sich an, Preise mit Sicherheitsbezug zu verlosen, wie zum Beispiel Lizenzen für Passwort-Manager. Es ist empfehlenswert im Nachhinein die Gewinner um ein kurzes Statement zur Veranstaltung zu bitten und dieses dann mit der Gewinnerliste zu veröffentlichen. Somit wird ein zusätzlicher Werbeeffekt erzeugt.

4.3   Family & Kids

Eine weitere Möglichkeit die Mitarbeiter für das Thema Informationssicherheit zu sensibilisieren, ist der Transfer in den privaten Bereich. Wenn Mitarbeiter die Notwendigkeit für sicherheitsrelevante Themen in ihrem privaten Bereich verstehen und umsetzen und dies sogar an ihre Kinder vermitteln, ist die Wahrscheinlichkeit höher, dass sie dies auch im beruflichen Kontext tun. Daher kann sich eine Awareness-Maßnahme auf den Bereich Informationssicherheit für Familien und Kinder konzentrieren. Hier ist eine Unterteilung in drei Kapitel sinnvoll:

Sicherung des Zuhauses
Dieses Kapitel soll den Mitarbeitern praktische Ratschläge zur Einrichtung eines sicheren Zuhauses geben. Dazu zählen die Sicherung des Heimnetzwerks, persönlicher Accounts, Kennwörter und Geräte. Die Wichtigkeit ist für die Mitarbeiter gegeben, da es in den meisten Haushalten Geräte gibt, die mit dem Internet verbunden, jedoch nur selten adäquat konfiguriert sind und somit Einfallstore für Angreifer bieten. Darunter fallen zum Beispiel Computer, Spielkonsolen, Fernsehgeräte, Tablets, Smartphones und tragbare Geräte, die auf drahtlose Netzwerke zugreifen. Die hier dargestellten Tipps sollen leicht verständlich und praktikabel sein und eine Auflistung von Best Practice Ansätzen beinhalten:

Heimnetzwerk:

- Ändern des Standard-Passworts des Routers
- Konfiguration eines individuellen und langen Wi-Fi-Passworts und eines starken Sicherheitsprotokolls (mindestens WPA2 und AE5)
- Einrichtung eines Gastnetzwerks für Besucher

Sichern von Accounts, Geräten und Passwörtern

- Verwendung von unterschiedlichen Passwörtern für jedes Gerät und Online-Konto
- Regelmäßige Datensicherungen an separaten Orten
- Vorsicht bei der Weitergabe von Altgeräten an Kinder, da diese ggf. keine Sicherheitsupdates mehr erhalten können
- Verwendung eines Passwort-Managers
- Regelmäßige (automatische) Aktualisierung von Anwendungen und Geräten
- Nutzung von Antivirenprogrammen
- Verwendung unterschiedlicher Konten bei der gemeinsamen Nutzung von Geräten

Diese Hinweise sollten dabei mit entsprechenden Hintergrundinformationen und Erklärungen begleitet sein, um es für die Mitarbeiter nachvollziehbarer zu machen.

Informationssicherheit für Familien
Laut einer Studie aus dem Jahr 2019 vom Sicherheitsunternehmen Kaspersky sorgen sich 84 % der Eltern weltweit um die Online-Sicherheit ihrer Kinder. Dennoch verbringen Eltern nur 46 min damit, mit ihrem Kind über Online-Sicherheit zu sprechen, und das während der gesamten Kindheit.

Dabei ist es ratsam, Kinder bereits frühzeitig spielerisch an das Thema heranzuführen. Cyberkriminelle stellen eine Gefahr für Kinder und Erwachsene dar. Kinder können ihre Familien unwissentlich Bedrohungen aussetzen und Angreifern ermöglichen, auf sensible Daten der Familie zuzugreifen oder den von den Eltern genutzten Computer zu übernehmen. Weiterhin tummeln sich Cyberkriminelle regelmäßig in Chatrooms, sozialen Medien, Videostreaming-Seiten und Online-Videospielen und suchen sich dort gezielt Kinder und Jugendliche als Opfer. Kinder sind ein beliebtes Ziel, da sie anderen schneller vertrauen und nur wenig über die möglichen Risiken wissen. Die Mitarbeiter sollen daher so früh wie möglich sichere Gewohnheiten fördern. Familien, die von klein auf mit ihren Kindern über Informationssicherheit sprechen, können eher das Online-Verhalten ihrer Kinder prägen und deren Wahrnehmung der digitalen Umgebung beeinflussen.

Auch in diesem Kapitel sollten die Mitarbeiter nachvollziehbare und praktikable Best Practice Hinweise erhalten:

- Gemeinsame Festlegung von Regeln zur Internetnutzung:
  - Dauer der Nutzung (wann und wie lange)
  - Umgang mit persönlichen Informationen
  - Umgang bei der Kommunikation mit anderen (Spiele, Chat, E-Mail, Nachrichten, soziale Medien)
  - Teilen von Informationen (Bilder, private Themen)
  - Welche Websites und Aktivitäten sind erlaubt, welche nicht
- Hilfreiche Informationen über die von Kindern verwendeten, Apps, Spiele, Websites
- Offene Kommunikation über Risiken (Cyber-Mobbing, Online-Betrug, Treffen von Fremden)
- Anleitung zur Überprüfung von Websites mit Altersbeschränkungen
- Festlegung von „technikfreien Zonen" (z. B. Schlafzimmer), sollte auch für Eltern gelten
- Anleitung und Erklärung zur Nutzung der Familienfreigabe-Funktion (gemeinsamen Nutzung von Applikationen, ohne eigene Accounts)

Heutzutage nutzen Kinder immer häufiger mobile Geräte oder besitzen selbst ein eigenes Smartphone. Um als Eltern dabei nicht die Kontrolle über die Geräte und deren Nutzung zu verlieren, gibt es diverse Konfigurationsmöglichkeiten:

- Filtern und Blockieren von bestimmten Websites
- Deaktivierung von bestimmten Funktionen, wie zum Beispiel dem Versenden von Nachrichten, Bildern oder das Herunterladen von Inhalten
- Nutzung der Standortfreigabe zur Bestimmung des Aufenthaltsortes
- Einschränkung der Nutzungsdauer auf dem Gerät
- Nutzung von Webcam Cover zur Abdeckung der Kamera

Weitere Informationen können Eltern auch beim jeweiligen Mobilfunkanbieter erhalten. Diese bieten oftmals die Möglichkeit bestimmte Inhalte zu blockieren.

Bei der Kommunikation mit Kindern sollte ein besonderer Fokus auf die Passwortsicherheit gelegt werden. Kinder sind ein leichtes Ziel, da sie häufig leicht Vertrauen fassen. Sicherheit basiert auf Kommunikation, nicht auf Technologie.

Es ist schwierig, ein Gleichgewicht zwischen Sicherheit, Privatsphäre und Nutzer-freundlichkeit zu finden. Die Eltern sollten demnach mit den Kindern über einen Modus sprechen, der für die Familie geeignet ist. Durch die Förderung von Sicher-heitsgewohnheiten schützen die Mitarbeiter ihre Kinder, deren Daten und erhöhen dabei noch die Sicherheit in dem eigenen Zuhause. Grundlage ist dafür eine sichere Umgebung, in der die Kinder lernen und üben können.

Interaktive Materialien

Im Internet gibt es eine Vielzahl interaktiver Spiele und Gesprächsanleitungen für verschiedene Altersgruppen, die Eltern mit ihren Kindern zu Hause durchgehen können. Zwei davon sind besonders erwähnenswert:

Small Builds for Big Conversations (LEGO)

LEGO hat das Programm „Small Builds for Big Conversations" ins Leben gerufen, mit dem Eltern ermutigt werden sollen, mit ihren Kindern über Online-Sicherheit zu sprechen. Das Programm richtet sich an Kinder im Alter von sechs bis zehn Jahren. Die Idee ist, dass Eltern und Kinder gemeinsam Modelle bauen, die verschiedene Elemente der Online-Sicherheit darstellen.

AwareNessi Magazin (Deutsche Telekom Security GmbH)

Um Kinder für das Thema Informationssicherheit zu sensibilisieren hat die Deutsche Telekom Security GmbH eine eigene Marke gegründet: AwareNessi.

In Gestalt eines kleinen Drachens führt AwareNessi Kinder und Erwachsene durch sämtliche Gefahren im Internet. Jedes Heft behandelt ein konkretes Sicher-heitsthema. Alterskonform (ab 5 Jahren) aufbereitete Geschichten, Definitionen und Verhaltensmaßnahmen vermitteln Basiswissen. Unterhaltsame Spiele, Kochre-zepte und Yogaübungen runden das jeweilige Thema ab. Der klar strukturierte Aufbau sorgt für Orientierung im Cyber-Umfeld und sensibilisiert neben den Kin-dern der Mitarbeiter auch die Mitarbeiter selbst für mehr Informationssicherheit und Datenschutz.

Konkrete Bedrohungen werden illustrativ veranschaulich und wiederholen sich in unterhaltsamen Quiz-, Bastel- und Backideen. Die Hefte stehen dabei als PDFs online zur Verfügung und wurden bereits in 17 Sprachen übersetzt.

4.4   Simulationen

Ein wirksames Mittel, den Ernstfall zu proben und das Top-Management für weitere Unterstützung zu gewinnen, ist die Durchführung einer Table-Top-Simulation. In dieser werden beispielsweise Szenarien für einen Ransomware-Angriff in der Theorie simuliert, um die Organisation auf einen echten Angriff vorzubereiten. Die Simulation beinhaltet dabei alle Phasen des Angriffs, einschließlich des Eindringens, der Ausbreitung der Malware, der Erpressung, der Erholung und der Verhinderung zukünftiger Angriffe.

Die Vorteile einer solchen Durchführung sind zahlreich:

- Vorbeugung von Ransomware-Angriffen: Eine Table-Top-Simulation kann Organisationen helfen, Schwachstellen in ihrer IT-Infrastruktur zu identifizieren, die von Angreifern ausgenutzt werden können. Durch die Simulation können Sicherheitslücken erkannt und geschlossen werden, bevor ein echter Angriff stattfindet.
- Verbesserte Reaktionsfähigkeit: Eine Table-Top-Simulation kann dazu beitragen, dass Unternehmen besser auf einen Angriff vorbereitet sind. Die Simulation bietet die Möglichkeit, die Reaktion der Organisation auf einen Angriff zu üben, um die Effektivität und Geschwindigkeit der Reaktion zu verbessern.
- Sensibilisierung und Schulung von relevanten Mitarbeitern: Table-Top-Simulationen bieten eine hervorragende Möglichkeit, die relevanten Mitarbeiter in der Organisation auf die Bedrohung von Angriffen und die entsprechende Reaktion zu schulen. Wichtig ist dabei, dass als Kernbotschaft klar kommuniziert wird: Die Bewältigung eines solchen Vorfalls obliegt nicht ausschließlich der Sicherheits- oder IT-Abteilung, sondern erfordert ein Zusammenspiel unterschiedlicher Bereiche.
- Verbesserte Zusammenarbeit: Eine Table-Top-Simulation bietet die Möglichkeit, die Zusammenarbeit zwischen den verschiedenen Abteilungen und Teams in der Organisation zu verbessern. Eine effektive Reaktion auf einen Angriff erfordert eine enge Zusammenarbeit zwischen IT, Management, Rechtsabteilung, Kommunikation, Personal und anderen Abteilungen.

Teilnehmer

Im Kern der Simulation steht die Vorbereitung auf den Ernstfall. Je nach Ausprägung, sind unterschiedliche Teilnehmer daran beteiligt. In der Regel sollten folgende Stakeholder/Abteilungen teilnehmen:

- Vertreter aus der IT-Abteilung (Netzwerk, Betrieb, Sicherheit)
- CISO/Informationssicherheit
- Datenschutz
- Kommunikation
- Vorstand
- Finanzen
- ggf. Betriebsrat/Personalwesen
- Externe Berater, welche die Simulation leiten

Entwicklung eines Szenarios

Nach der Festlegung der Zielsetzung muss ein Szenario für den Angriff entwickelt werden. Das Szenario sollte alle Phasen des Angriffs umfassen. Bei einem Ransomware Angriff wären dies beispielsweise das Eindringen, die Ausbreitung der Malware, die Erpressung, sowie die Erholung bzw. Neuaufsetzung der Systeme und die Verhinderung zukünftiger Angriffe. Das Szenario sollte auch realistische Faktoren wie die Zeit bis zur Entdeckung des Angriffs, die Verfügbarkeit von Backups und die Kommunikation zwischen den Abteilungen der Organisation berücksichtigen. Dabei ist es sinnvoll, die Simulation rundenbasiert mit festen Zeitslots (z. B. 10 bis 20 Min.) durchzuführen, um die Teilnehmer bewusst in einer realitätsnähere Umgebung zu versetzen. Grundsätzlich sind bei der Gestaltung der einzelnen Runden diverse Szenarien möglich. Diese müssen vor dem Praxiseinsatz entsprechend ausformuliert werden.

Praxisbeispiel
Einleitung:

- CISO wird über eröffnete Tickets informiert, diverse Nutzer können nicht arbeiten, Computer zeigt Totenkopf
- Ransomware-Attacke, Forderung 2 Mio. € in Bitcoins, Kundendatensätze gestohlen, 72 h bis zur Zahlung laufen, andernfalls werden die Datensätze veröffentlicht
- Major Incident wurde erstellt

Runde 1:

- 130 Computer in unterschiedlichen Abteilungen sind inzwischen infiziert
- Auch lokale Computer in Geschäften sind inzwischen infiziert (die Hälfte wurde aufgrund eines lokalen Feiertags noch nicht hochgefahren)

Runde 2:

- 300 Computer in unterschiedlichen Abteilungen sind inzwischen infiziert
- 70 lokale Computer infiziert
- Server wie SAP, CRM ebenfalls infiziert

Runde 3:

- 700 Computer infiziert
- Rückmeldung der IT-Abteilung über Datensicherungen
- Behörden schalten sich ein
- Bereitstellung von Beispieldatensatz durch Hacker

Runde 4:

- Überprüfung Beispieldatensatz
- Anfrage Presse
- Virale Posts in sozialen Medien („Shitstorm" droht)

Runde 5:

- Weitere forensische Maßnahmen
- Beispieldatensatz stellt sich als alt heraus

In der Praxis können noch weitere Runden mit unterschiedlichen Aktionen simuliert werden. Dies hängt vom Ziel der Simulation, der Teilnehmer und der gewünschten Dauer ab. Bei einer Simulation von 9 Runden kann dies bis zu 4 Stunden dauern und weitere Maßnahmen wie die Wiederherstellung der Datensicherungen oder den Aufbau kompletter Domänen beinhalten.

Die Table-Top-Simulation eines Ransomware-Angriffs bietet Unternehmen eine hervorragende Möglichkeit, sich auf einen Angriff vorzubereiten und die eigenen Prozesse zu üben. Die Simulation kann dazu beitragen, dass Organisationen Schwachstellen in ihren Notfallplänen identifizieren, die Reaktionsfähigkeit verbessern, Mitarbeiter schulen und die Zusammenarbeit zwischen den Abteilungen verbessern. Eine effektive Table-Top-Simulation erfordert sorgfältige Vorbereitung und Planung, jedoch übersteigt der Mehrwert einer solchen Übung eindeutig den entstehenden Aufwand.

4.5 Handout

Auch die interessanteste Sicherheitsmaßnahme bleibt den Mitarbeitern nicht für immer im Gedächtnis. Eine Möglichkeit, die Mitarbeiter täglich für die Informationssicherheit zu sensibilisieren, ist die Erstellung und Verteilung eines Handouts. Inhaltlich werden hier die 10 wichtigsten Verhaltensregeln kurz und nachvollziehbar dargestellt. Zum Beispiel:

1. Ansprechpartner bei Fragen
2. Schützen vom Arbeitsbereich
3. Nutzung sicherer Passwörter
4. Anmeldung mit Zwei-Faktor-Authentisierung
5. Sicherung des WiFi zu Hause
6. Backup und Datensicherung
7. Schutz vor Phishing
8. Mögliche Sicherheitsrisiken/Gefahren erkennen
9. Regelmäßige Updates
10. Sichere Verhaltensweisen

Ergänzend dazu können dem Handout noch weitere Leerseiten hinzugefügt werden. Diese ermöglichen es dem Mitarbeiter, das Handout zusätzlich als Notizbuch im Arbeitsalltag zu nutzen. Um auch hier für die Informationssicherheit zu sensibilisieren, empfiehlt es sich, auf jede dritte oder vierte Seite einen kurzen Sicherheitshinweis abzubilden, sodass Mitarbeiter beim Schreiben der Notizen weiterhin geschult werden.

Kennzahlen und dauerhafte Implementierung

Eine handvoll Maßnahmen umzusetzen und die Mitarbeiter anschließend allein zu lassen, wird nicht funktionieren. Vielmehr muss die Effektivität der Sensibilisierung über Kennzahlen erhoben werden, um eine dauerhafte Implementierung zu gewährleisten.

5.1 Kennzahlen

Die Messung der Awareness im Bereich Informationssicherheit ist von entscheidender Bedeutung, um zu verstehen, wie gut eine Organisation oder ein Unternehmen sich in Bezug auf die Mitarbeitersensibilisierung entwickelt. Dabei sollten die Kennzahlen den Grad des Bewusstseins und die Effektivität der Schulungen und Maßnahmen, zur Verbesserung der Informationssicherheit, widerspiegeln. Folgend werden einige Beispiele für Kennzahlen vorgestellt, die bei der Messung genutzt werden können:

Anzahl der Schulungen: Eine Möglichkeit besteht darin, die Anzahl der Schulungen zu verfolgen, die für die Mitarbeiter und Führungskräfte einer Organisation oder eines Unternehmens durchgeführt wurden. Wenn die Anzahl der Schulungen hoch ist, kann dies darauf hindeuten, dass die Organisation oder das Unternehmen ein starkes Bewusstsein für Informationssicherheit hat.

Anzahl der Schulungsteilnehmer: Eine weitere Kennzahl, die genutzt werden kann, ist die Anzahl der Teilnehmer an den Schulungen. Wenn viele Mitarbeiter

© Der/die Autor(en), exklusiv lizenziert an Springer Fachmedien Wiesbaden GmbH, ein Teil von Springer Nature 2023
F. Jörgens, *The Human Firewall*, essentials,
https://doi.org/10.1007/978-3-658-42757-3_5

und Führungskräfte an den Schulungen teilnehmen, zeigt dies, dass die Organisation dies als wichtigen Aspekt betrachtet.

Erfolgsquote von Schulungen: Eine Kennzahl, die gemessen werden kann, ist die Erfolgsquote von Schulungen zur Informationssicherheit. Hierbei wird gemessen, wie viele Teilnehmer die Schulungen erfolgreich abgeschlossen haben und wie viele das Ziel nicht erreicht haben. Eine hohe Erfolgsquote deutet darauf hin, dass die Schulungen effektiv waren und dass die Teilnehmer ein gutes Verständnis erreicht haben.

Phishing-Tests: Eine weitere Kennzahl, die häufig bei der Messung der Sensibilisierung im Bereich Informationssicherheit genutzt werden kann, sind die Ergebnisse von Phishing-Tests. Hierbei wird getestet, wie viele Mitarbeiter auf eine gefälschte E-Mail geklickt oder ihre Zugangsdaten preisgeben haben. Eine niedrige Erfolgsquote bei Phishing-Tests zeigt, dass die Mitarbeiter vorsichtig im Umgang mit verdächtigen E-Mails sind.

Anzahl der gemeldeten Sicherheitsvorfälle: Eine weitere Kennzahl ist die Anzahl der Sicherheitsvorfälle, die in einem bestimmten Zeitraum aufgetreten sind. Wenn die Anzahl der Sicherheitsvorfälle hoch ist, zeigt dies, dass die Sensibilisierung im Bereich Informationssicherheit möglicherweise nicht ausreichend ist und dass weitere Schulungen und Maßnahmen erforderlich sind. Auf der anderen Seite kann eine hohe Anzahl an gemeldeten Fällen auch das genaue Gegenteil aussagen: Die Mitarbeiter melden verdächtiges Verhalten häufiger, da sie ein ausgeprägteres Bewusstsein für mögliche Angriffe entwickelt haben.

Umfragen:
Eine Möglichkeit, eine unmittelbare Rückmeldung der Mitarbeiter einzuholen, ist die Durchführung einer Umfrage. In diese können zufällig ausgewählte Mitarbeiter mit Fragen hinsichtlich der Informationssicherheit konfrontiert werden, um ein Gefühl dazu zu bekommen, ob die bisherigen Schulungsmaßnahmen einen Effekt erzielt haben.

Mögliche Fragen sind: „Wissen Sie, wie Sie sich in einem Vorfall zu verhalten haben?", „Wissen Sie, an wen Sie sich wenden müssen?", „Wissen Sie, wo Sie weitere Informationen erhalten?". In einer zweiten Stufe können diese auch als offene Fragen formuliert werden, um das konkrete Wissen abzufragen.

Die Kennzahlen dienen dazu, das Bewusstsein über die nachhaltige Sensibilisierung messerbar zu machen. Damit die Aufmerksamkeit aufrecht erhalten bleibt, darf die Informationssicherheit nicht als Projekt gesehen werden. Sie muss hingegen als omnipräsenter Prozess implementiert werden. Die oben genannten Kennzahlen können genutzt werden, um zu verstehen, wie gut eine Organisation oder ein Unternehmen vor Angriffen geschützt ist. Allerdings sind alle Kennzahlen kritisch zu betrachten und stellen lediglich grobe Indikatoren dar. Sie müssen daher regelmäßig hinterfragt werden.

5.2 Dauerhafte Implementierung

Die Bedeutung der Sensibilisierung von Mitarbeitern kann nicht genug betont werden. Wie schon mehrfach erwähnt, handelt es sich dabei nicht um ein Projekt, sondern einen Prozess, der dauerhaft in alle anderen Prozesse implementiert werden muss. Dabei ist vor Allem das Maturity-Level, also der Reifegrad, von entscheidender Bedeutung. Es ist wichtig, den aktuellen Stand regelmäßig zu bewerten und Maßnahmen zu ergreifen, um das Bewusstsein kontinuierlich zu steigern. Hierzu können die im vorherigen Kapitel erwähnten Kennzahlen als Indikator dienen. Darüber hinaus ist es wichtig, die Lebenszyklen von Awareness-Maßnahmen zu berücksichtigen. Sicherheitsbedrohungen und Technologien entwickeln sich ständig weiter, weswegen auch die Maßnahmen regelmäßig überarbeitet und angepasst werden müssen. Neue Inhalte, Schulungsmethoden und Kommunikationswege sollten kontinuierlich evaluiert und implementiert werden, um sicherzustellen, dass sie relevant und effektiv bleiben. Ein weiterer wichtiger Ansatz für die Nachhaltigkeit ist das Prinzip des „Inspect & Adapt". Dies beinhaltet die regelmäßige Überprüfung der Wirksamkeit der Awareness-Maßnahmen und die Anpassung an neue Erkenntnisse und Herausforderungen. Durch kontinuierliches Feedback, Auswertung von Metriken und die Einbindung der Mitarbeiter, können Schwachstellen identifiziert und Verbesserungen vorgenommen werden. Es ist ein Prozess des kontinuierlichen Lernens und Verbesserns, um die Wirksamkeit der Awareness-Maßnahmen zu optimieren und den Sicherheitsstandard kontinuierlich zu erhöhen.

Fazit

Eine der wichtigsten Erkenntnisse, die aus diesem Buch hervorgeht, ist die Bedeutung der Sensibilisierung von Menschen für die Bedrohungen im digitalen Raum. In der Tat ist es unerlässlich, dass Unternehmen und Organisationen ihre Mitarbeiter in Schulungen und Trainingsprogrammen über die Gefahren von Cyberangriffen und Malware aufklären.

Das Buch „the human firewall" gibt einen praxisnahen Einblick in die Welt der Informationssicherheit und wie ein Bewusstsein für diese geschaffen werden kann. In einer Zeit, in der Unternehmen und Einzelpersonen immer abhängiger von digitalen Technologien werden, ist es von entscheidender Bedeutung, die Risiken zu verstehen, die mit der Verwendung von Online-Anwendungen und -Systemen einhergehen.

Eine der wichtigsten Erkenntnisse, die aus diesem Buch hervorgeht, ist die Bedeutung der Sensibilisierung von Menschen für die Bedrohungen im digitalen Raum. In der Tat ist es unerlässlich, dass Unternehmen und Organisationen ihre Mitarbeiter in Schulungen und Trainingsprogrammen über die Gefahren von Cyberangriffen und Malware aufklären. Dabei ist es wichtig, dass sich diese Schulungen nicht nur auf Mitarbeiter ohne Führungsverantwortung beschränken, sondern auch Führungskräfte und Entscheidungsträger mit einbezogen werden müssen. Nur wenn alle Beteiligten sich der Risiken bewusst sind, können angemessene Schutzmaßnahmen ergriffen werden. Weiterhin sind nicht nur interne Stakeholder zu betrachten. Auch die Unterstützung durch externe Akteure wie Regierungsbehörden, Lösungsanbieter oder Forensik-Unternehmen können dazu beitragen, die Sicherheit im digitalen Raum zu verbessern.

Das Thema Informationssicherheit wird auch in den kommenden Jahren spannend bleiben. Das Wettrüsten zwischen Hackern und Unternehmen wird

F. Jörgens, *The Human Firewall*, essentials, https://doi.org/10.1007/978-3-658-42757-3_6

weitergehen, insbesondere mit dem Aufkommen von Technologien wie künstlicher Intelligenz und Quantencomputing. Diese Entwicklungen verändern nicht nur die Angriffsfläche, sondern bieten auch den Hackern neue Angriffsmethoden. Daher ist es von großer Bedeutung, dass bestehende Botschaften regelmäßig hinterfragt und aktualisiert werden, um den sich ständig verändernden Bedrohungen standzuhalten. Die Schaffung einer Cyber-Kultur ist eine fortlaufende Reise, bei der gemeinsam das Bewusstsein für Sicherheit geschärft und das Unternehmen gegen Bedrohungen geschützt werden soll. Indem die erlernten Prinzipien und Empfehlungen umgesetzt und kontinuierlich auf ihnen aufgebaut wird, kann eine starke Sicherheitskultur entwickelt und die Informationssicherheit zu einem integralen Bestandteil der Arbeitsweise gemacht werden.

Abschließend lässt sich sagen, dass jeder Einzelne eine Verantwortung hat, zur Informationssicherheit beizutragen. Wichtig ist dabei das Verständnis darüber, dass die Sicherheitsabteilung als Präventivfunktion (Stichwort RODNI – „return on damages not incurred") mehr als nur ein Kostentreiber ist und Gefahren vom Unternehmen abwenden kann. Nur wenn alle Mitarbeiter an einem Strang ziehen, können die Schutzziele eingehalten werden. Jeder Nutzer von digitalen Systemen und Technologien muss sich der Risiken bewusst sein und sollte angemessene Schutzmaßnahmen ergreifen. Dies kann die Verwendung starker Passwörter, regelmäßige Aktualisierung von Software und Betriebssystemen und Vermeidung von Phishing und anderen Social-Engineering-Techniken umfassen. Dabei dürfen nicht-digitale Informationen nicht außer Acht gelassen werden. Der Mensch stellt dabei einen elementaren Baustein der Verteidigungsstrategie dar – vermutlich sogar den wichtigsten!

Was Sie aus diesem *essential* mitnehmen können

- Ein Großteil aller Informationssicherheits-Angriffe zielen auf den Menschen ab, somit stellen Mitarbeiter den wichtigsten Faktor in der Verteidigung dar
- Eine entsprechende Kampagne zur Sensibilisierung benötigt Vorbereitung und die Einbindung relevanter Stakeholder
- Die Nutzung unterschiedlicher Formate und Methoden macht das Thema für die Zielgruppe spannend
- Die Effektivtät muss regelmäßig gemessen und überprüft werden

F. Jörgens, *The Human Firewall*, essentials, https://doi.org/10.1007/978-3-658-42757-3

GPSR Compliance

The European Union's (EU) General Product Safety Regulation (GPSR) is a set of rules that requires consumer products to be safe and our obligations to ensure this.

If you have any concerns about our products, you can contact us on

ProductSafety@springernature.com

In case Publisher is established outside the EU, the EU authorized representative is:

Springer Nature Customer Service Center GmbH
Europaplatz 3
69115 Heidelberg, Germany

www.ingramcontent.com/pod-product-compliance
Ingram Content Group UK Ltd.
Pitfield, Milton Keynes, MK11 3LW, UK
UKHW020218231225
466357UK00012B/207